EUGÈNE PELLETAN

LAMARTINE

SA VIE ET SES OEUVRES

PARIS

LIBRAIRIE PAGNERRE

18, RUE DE SEINE, 18

1869

LAMARTINE

SA VIE ET SES ŒUVRES

PARIS. — IMP. SIMON RAÇON ET COMP., RUE D'ERFURTH, 1.

EUGÈNE PELLETAN

LAMARTINE

SA VIE ET SES OEUVRES

PARIS

LIBRAIRIE PAGNERRE

18, RUE DE SEINE

1869

Mesdames, Messieurs,

J'ai d'abord à vous remercier d'avoir bien voulu sacrifier cette journée des premiers rayons du printemps et des feuilles naissantes, pour venir au rendez-vous que je vous ai assigné à la fois sur une tombe et sur un berceau.

La tombe, c'est celle de Lamartine ; une glorieuse résurrection bientôt, j'espère ; le berceau, c'est ce que vient de vous dire notre président : la Société coopérative, le monde nouveau qui permettra de passer enfin de l'ancien servage au capital. Et quand je dis servage, je vous prie de ne pas vous méprendre sur ma pensée. Ce n'est pas que j'assimile complètement le salariat au servage, loin de là ; mais je crois que la part vaut mieux que le salaire, car, à l'aide de la part, l'ouvrier peut mieux épargner et passer à ce rang de capitaliste qui est l'idéal que tout travail poursuit.

Ceci dit, je rentre dans le sujet spécial que j'ai à traiter devant vous.

Un jour, au commencement de la restauration, Louis XVIII, parcourait les galeries du Louvre dans un fauteuil à roulettes, et il regardait de droite et de gauche les tableaux. Il laissa tomber, par mégarde, le livret qu'il tenait à la main. Une jeune garde du corps se précipita pour le ramasser et le rendit au roi. Le roi regarda le jeune homme en souriant et dit : « Voilà un beau militaire! » Assurément, il ne se doutait pas en ce moment que ce beau militaire cachait sous l'uniforme qu'il portait par le hasard de la naissance une tout autre qualité que les qualités du militarisme, et si la pythonisse d'Endor, qui devait être quelque part dans les galeries, lui avait prédit qu'avant trente années ce beau militaire succéderait à deux dynasties, assurément, le vieux roi sceptique aurait souri de pitié. Ce beau militaire, c'était Lamartine. Né dans une famille de gentilshommes, il

avait dès le berceau reçu l'empreinte des traditions
de sa famille.

Par sa mère il tenait à la maison d'Orléans. Elle
avait occupé au Palais-Royal la place, je crois, de
dame d'honneur. Son père avait été un des volontaires
qui, au 10 août, avaient défendu la royauté expirante.
Il n'était donc pas étonnant que, au retour de la restauration, le jeune Lamartine se rendît aux Tuileries pour
y être attaché au service du roi. Mais il n'était pas né
assurément pour l'état militaire. Et, bien que l'excla-
mation de Louis XVIII lui eût fait pressentir que, s'il
avait une bonne conduite militaire, s'il attachait toujours bien ses boutons de guêtres, s'il traînait con-
sciencieusement son sabre sur le pavé, il arriverait
peut-être à cinquante ans au grade de chef de batail-
lon, Lamartine sentait en lui un dieu inconnu qui l'appelait à d'autres destinées.

Quelles destinées? il ne le savait pas, il ignorait l'a-
venir, il s'ignorait lui-même. Il accepta un poste dans
la diplomatie, et il partit pour l'Italie en qualité
d'attaché d'ambassade. Un jour, sans le savoir, sans
le vouloir, entre une dépêche copiée et une autre
dépêche, il s'aperçut qu'il était poëte, et il fit de la
poésie. Il était tellement doué de l'inspiration, qu'il

a toujours été étonné, jusqu'à la fin de sa vie, d'avoir été un grand poëte.

Il semble que l'âme de l'Italie, il semble que l'âme de Dante et de Pétrarque ait passé tout entière en lui, et pour faire par la mélodie, de la langue française, la sœur de la langue de l'Italie.

Les instants sont trop précieux pour que je cherche ici à vous expliquer la poésie de Lamartine. Cette poésie, elle fut en quelque sorte la résurrection de l'Italie dans notre pays.

Le commencement du dix-neuvième siècle, vous le savez, avait été médiocrement poétique. En ce temps-là, on ne laissait la parole qu'au canon et qu'aux bulletins. On n'était occupé que de cette répartition des frontières qu'on appelle la conquête ; et on étendait tellement à coup de vies d'hommes les frontières de la France, qu'on ne savait plus où la France commençait et où elle finissait en Europe, et que chaque jour les géographes étaient obligés de refaire la carte de notre pays.

Mais cette carte, si démesurée qu'elle fût, n'était en réalité qu'une prison de cinq cents lieues pour la pensée et pour le génie humain.

Et quand madame de Staël voulait penser librement, elle était obligée d'aller chercher la route d'Angleterre en passant par Pétersbourg.

Lamartine vint donc apporter en France la poésie italienne, la poésie lyrique. Il y avait bien eu, je le sais, dans les premières années du siècle, une espèce de poésie qui était descendue au Caveau, je ne sais quelle poésie échappée des miasmes de la poudre à canon, bonne tout au plus pour le bivouac ou pour l'alcôve, et dont le chevalier de Parny était le plus glorieux représentant ; mais Lamartine venait mettre la poésie sur les sommets de l'âme humaine, il venait la mettre dans le lyrisme, dans l'héroïsme de la pensée. Ah ! sans doute encore il appartenait aux traditions du passé, et sa poésie était à la fois religieuse, amoureuse et mystique. Mais ce n'en était pas moins la poésie qui exalte et qui fortifie. Toute jeune fille peut endormir en paix son rêve aux accents mélodieux de ces strophes sublimes, à la fois chastes et tendres ; après avoir lu Lamartine, il y a en quelque sorte un ange gardien de plus à son chevet.

Lui-même a défini sa poésie.

1.

« La poésie, me disait-il un jour, est faite pour prier, pour aimer, pour rêver, pour gémir, etc.

« Quant au reste, ajoutait-il en faisant un geste... » le vent emporta la suite de ses paroles. Eh bien, cette définition de la poésie, Lamartine l'a toujours mise en pratique ; il n'y a jamais failli, jamais il n'a tenté une seule fois de diminuer l'idéal dans l'âme humaine ; il a toujours voulu relever le front de l'homme vers le ciel, et lui faire regarder l'infini, associer nos pensées et nos sentiments à tout ce qu'il y a de plus immense dans l'univers, et faire en quelque sorte qu'après l'avoir lu, l'homme ait un plus grand orgueil de lui-même et de sa destinée.

Plus tard, après les *Méditations*, grandi par l'âge, par l'expérience, inspiré par le souffle du siècle, le siècle toujours plus fort que les plus forts, qui les corrige de leurs infirmités et de leurs faiblesses de naissance, il fit les *Harmonies*. Dans ces poëmes il y a déjà un grand progrès sur les *Méditations*. Déjà Lamartine sort des vieux cadres du passé, il comprend que la foi première de son berceau ne suffit plus aux grandes espérances et aux grandes préoccupations du problème humain, et alors, se penchant sur l'abîme de notre destinée pour la première fois, il ose se poser à lui-même cette question éternelle de l'homme depuis

Job : Qui es-tu? d'où viens-tu? où vas-tu? Et il écrit ces sublimes poëmes des *Recueillements poétiques;* ces poëmes qui, dans aucune langue, n'ont été dépassés et qui ne le seront jamais, car c'est le grand doute, c'est l'aile palpitante de la souffrance humaine qui se dit : Pourquoi suis-je en ce monde? Est-ce le dernier mot de l'existence que la tombe? Il a posé ce mot, et avec tant de grandeur, que nul ne peut le lire sans frissonner et sans avoir l'aspiration d'une autre vie et d'une plus grande destinée. Plus tard, il continue son évolution poétique. Vous parlerai-je de cette ravissante idylle de *Jocelyn*, de cet amour dans les nuages, au milieu de tous les effluves du plus magnifique panthéisme que l'âme ait jamais pu rêver? Vous parlerai-je encore de cette fontaine titanesque, *la Chute d'un ange*, comme si Lamartine avait voulu réveiller du fond des catacombes humaines cette race première qui a disparu et qui a préparé la nouvelle génération qui maintenant travaille, pense et sent au soleil? Non, je n'ai pas besoin de revenir sur toutes ces œuvres; le temps nous presse, et nous avons encore à examiner bien du Lamartine après le Lamartine poëte. Par conséquent, je crois devoir abréger cette espèce d'analyse au pas de course de son œuvre poétique. Seulement je vous ferai remarquer que son talent a toujours été en progrès sur lui-même dans toutes les évolutions par lesquelles il a passé. Remarquez-le : les *Méditations*, c'est la foi, la foi entière mélangée d'une teinte de religiosité vague qui touche déjà au déisme.

Dans les *Harmonies*, c'est le doute; quand l'âme commence à douter, elle grandit. Après les *Harmonies* viennent les *Recueillements poétiques*, à mon avis la plus parfaite des œuvres de Lamartine. Les *Recueillements poétiques*, ce n'est plus le doute, c'est la prophétie, le grand courant du siècle l'a enfin entraîné, il est converti, il comprend l'humanité, il comprend ses destinées, et il les énonce dans des termes tels que tous ceux qui ont aujourd'hui les regards tournés vers l'horizon peuvent dire que tout ce qu'a prophétisé Lamartine arrivera certainement un jour ou l'autre.

Car cette prophétie, c'est la loi même de l'histoire. Mais Lamartine avait en lui tant d'hommes qui attendaient leur heure! Il ne pouvait pas, après avoir épuisé la gloire poétique, se contenter de la part que le dieu de l'inspiration lui avait donnée. Il accepta, à la fin de la restauration, comme je vous l'ai déjà dit, une place dans la diplomatie. Mais, quoiqu'il fût en Italie à cette époque, il prêtait déjà l'oreille par-dessus les Alpes aux échos des grands débats qui avaient lieu sous la restauration ; il était déjà converti aux doctrines de liberté. Aussi, quand la restauration crut devoir mettre la France au défi, en appelant au pouvoir un de ces ministres qui perdent toujours les pouvoirs, parce qu'ils disent toujours non à toutes les demandes de progrès, Lamartine donna sa démission de chargé d'affaires à Florence, et puis il attendit. Vous savez, trois jours avaient suffi pour renvoyer cette dynastie incorrigible qui n'avait pas voulu faire sa paix avec la liberté.

Un roi parjure disparut en quelques minutes et il n'en fut plus question.

Lamartine, livré à lui-même, — et je puis dire, — désormais déchargé de toutes les obligations qu'il pouvait avoir envers la légitimité, ne crut pas cependant, le lendemain, devoir aller demander sa part aux vainqueurs. On lui offrit, sous le nouveau régime, toutes les places qu'il pouvait désirer. « Non ! non ! ce n'est pas par la porte des faveurs, répondit-il, que je veux entrer dans le régime de la liberté. Je veux m'adresser à mes concitoyens. S'ils me donnent un mandat, je saurai le remplir avec loyauté, sans arrière-

pensée d'aucune nature. Il se présenta donc aux élec-
tions.

A ce moment, il y avait un poëte, un de ces puri-
tains intraitables qui ne peuvent pas permettre à un
poëte comme eux de venir devant le peuple demander ses suffrages. Il bafoua, il railla Lamartine. Lamartine succomba devant le scrutin. Sa seule vengeance fut de dire à ce poëte :

> Pour moi j'aurai vidé la coupe d'amertume
> Sans que ma lèvre même en garde un souvenir,
> Car mon âme est un feu qui brûle et qui consume
> Ce qu'on jette pour la ternir.

Voilà sa réponse. Plusieurs années après, je vis un
jour arriver à la table de Lamartine un homme cou-
vert d'habits qui ressemblaient à des haillons, le visage
flétri, hélas ! comme celui de tous les hommes qui
ont vendu leur opinion. C'était le poëte Barthélemy,
qui avait insulté Lamartine.

Et lui seul, Lamartine lui tendait la main, et le rele-
vait par le mérite de la poésie. Voilà l'homme. Lamartine partit pour l'Orient, il allait mettre un intervalle,
en quelque sorte, entre son passé et son avenir, et en
même temps y chercher ce prestige que le soleil

d'Orient a communiqué à tous les poëtes, car il semble que tous portent sur le front un rayon de cette terre qui a été le berceau de la poésie. Byron y est est allé, Chateaubriand y est allé, Lamartine devait y aller, et il devait y laisser la meilleure part de sa vie ; il était père, il revint, il n'était plus que le grand poëte. Sa fille devait reposer à côté des ruines de Jérusalem. Il la perdit, oui ! mais il rapportait une autre fille de l'Orient, il rapportait une fille de son génie, la conviction moderne, l'amour du peuple, l'amour de la démocratie.

Ah ! dans le silence, dans le recueillement, il s'était enfin retrouvé. Lisez cette page sublime qu'il a écrite sur sa visite au tombeau du Christ. « Là, dit-il, j'ai prié. » Retirez cette prière, toute la révolution de Février y était renfermée d'avance. Il revint d'Orient, et il entra quelque temps après à la Chambre des députés. Quand on vit arriver ce poëte, qui jusqu'alors avait chanté les étoiles, les fleurs, la brise, tous les hommes pratiques, tous les hommes positifs se dirent : Mais que vient-il faire ici ? on n'y chante pas ; on y vote le budget, on y discute des questions de douane, de doit et avoir. Ce fut une raillerie presque unanime. Et quand quelqu'un vint lui demander : « Mais, où siégerez-vous ? où est votre place ? » Lamartine répondit : « Au plafond ! » Et il avait raison ; il siégea en effet au plafond ; il siégea au-dessus de tous les partis, et un jour ce fut lui qui fut la France tout entière.

Plus tard, quand on reconnut en lui le grand orateur, on lui offrit un portefeuille.

« Un portefeuille, répondit-il, vous n'en avez pas un qui me convienne, et je possède le véritable portefeuille que j'ambitionne, le portefeuille de l'opinion publique. » Il le garda pendant toute la durée du règne de Louis-Philippe ; mais, rendons-lui cette justice, il le garda en parlant toujours pour les grandes causes, pour les grandes idées, pour les grands sentiments. On disait : « Il parle par la fenêtre. » Ah ! sans doute, comment voulez-vous que, dans certaines Chambres, on parle autrement que par la fenêtre ?

Il parla donc par la fenêtre, et tous ces prétendus hommes positifs en politique, qui n'en sont en définitive que les maçons, quand ils croient en être les architectes, se raillaient du sublime rêveur.

Un des grands esprits de ce temps-ci l'a dit : « Les hommes qui méprisent la théorie affichent la prétention énorme de ne savoir pas ce qu'ils pensent quand ils parlent, ou ce qu'ils ont dit, quand ils ont parlé. »

Lamartine, lui, avait les yeux au delà de tous les mesquins débats de la fin du règne de Louis-Philippe. Il avait dit le mot de la situation : « La France s'ennuie. » Plus tard, on aura le droit de dire : «La France s'impatiente. » On continua à le traiter de poëte. C'est que, dans notre pays, il faut l'avouer, — nous devons reconnaître nos défauts comme nous vantons nos qualités : — nous sommes les ennemis du cumul, non pas pour les traitements.

Oh ! quant à ce genre de cumul, nous le pardonnons volontiers, mais nous sommes les ennemis du cumul pour le talent, nous ne pardonnons point à un grand écrivain d'être un grand orateur, à un poëte d'être un homme d'État. Eh ! mon Dieu ! cela remonte à bien des années, car je me rappelle avoir lu que, lorsque Montesquieu publia son chef-d'œuvre de l'*Esprit des lois*, il se trouva des gens pour s'écrier : « Que n'a-t-il fait encore des *Lettres persanes* ! on répondit de même à Lamartine : « Faites des vers. » Il faisait des discours, et il les faisait tels qu'un jour il eut la France entière d'accord avec lui pour accomplir un des plus grands progrès qui aient été effectués de notre temps.

Mais auparavant il avait besoin d'éclaircir une fois

1...

pour toutes cette idée énigmatique, ténébreuse, terrible de la Révolution. Il écrivit l'*Histoire des Girondins*.

C'était depuis longtemps et c'est encore aujourd'hui le grave problème qui agite, qui attriste, qui trouble, qui exalte en même temps et qui enivre les esprits. Qu'est-ce que la Révolution ? Comment devons-nous l'accepter ? Quelle est la part du bien ? quelle est la part du mal ? Problème terrible que chacun de nous se pose dans sa conscience, qué Lamartine a essayé de résoudre et qu'à mon avis il a résolu en grande partie dans son livre admirable des *Girondins*. Qu'est-ce qu'il a fait dans ce livre ? La part de l'idée, la part des hommes. La part de l'idée est celle-ci : affranchissement de l'esprit humain, rédemption de toutes les misères et de toutes les iniquités. L'idée est immortelle, l'idée est invincible. Mais cette idée immortelle, dès le premier jour elle a trouvé des ennemis implacables, elle a eu en face d'elle la révolte de tous les priviléges. Il a fallu lutter, et, dans les entraînements de cette lutte, se trompant sur les moyens pour avoir raison des ennemis, on est arrivé à des mesures de telle nature que la France en a porté le deuil depuis quatre-vingts ans. Elle le porte encore. Eh bien, Lamartine a accompli l'œuvre que les contemporains de la Révolution auraient peut-être pu accomplir si, au lieu de s'immobiliser dans les ténèbres de leurs doctrines, ils avaient réfléchi que, de toutes les politiques, la plus incertaine, c'est de tuer ses amis pour combattre mieux ses ennemis.

Mais les parts étaient difficiles à établir, car de tous les côtés, il y avait le patriotisme, il y avait l'héroïsme, chez ceux qu'on appelait les Girondins comme chez ceux qu'en appelait les Jacobins, il y avait le même cœur, les mêmes principes ; ils s'étaient méconnus les uns les autres. Lamartine est venu les prendre, les retirer du fond de leur tombe : Vous vous êtes trouvés embarrassés, vous, dans ces idées communes de la Révolution ; si vous n'avez pu la faire, nous vos successeurs, nous la ferons; nous n'aurons plus les mêmes divergences qui séparaient les Montagnards des Girondins; nous répudierons cette doctrine du salut public qui n'a rien sauvé dans le monde, qui, au contraire, a tout perdu. Une république a été fondée dans le monde moderne, la grande république américaine; elle a été fondée en dehors de la doctrine du salut public, et quand, dans la crise qu'elle a eu à traverser pour l'abolition de l'esclavage, elle menaçait de sombrer, est-ce par le salut public qu'elle a été sauvée?

Non, c'est par le maintien de toutes les libertés. Ah ! béni soit Abraham Lincoln et l'exemple qu'il nous a donné ; il nous servira dans l'avenir !

Telle était la pensée de Lamartine en écrivant les *Girondins*. Vous savez que ce livre fut comme un coup de foudre dans un ciel serein, qu'il changea l'état des esprits en moins de quelques mois, qu'on s'arrachait ces feuilles toutes brûlantes encore de la flamme de son génie, à la fois humain et patriotique, comme les feuilles de la sibylle, et que ce jour-là l'âme de la France fut en quelque sorte retournée du côté de sa véritable destinée, du côté de sa glorieuse révolution, révolution de l'idée et non plus des actes, dont nous n'avons plus à nous occuper.

L'idée vivra éternellement ; quant aux hommes, aux actes, le temps les a balayés et nous n'avons plus à nous battre aujourd'hui sur leurs tombeaux.

Mais déjà les événements approchaient, la dynastie de Louis-Philippe n'avait pas compris que, née par les progrès de la liberté, elle devait régner dans le sein de l'extension de la liberté. Je ne veux point revenir sur les motifs qui ont entraîné la chute du trône de Louis-Philippe, je ne veux point revenir sur ces heures qui pourraient attrister quelques-uns d'entre nous, comme elles en consolent aussi d'autres, je l'espère ; mais enfin, il y a eu une heure où Lamartine se trouva peut-être dans la situation la plus terrible qui soit posée à la conscience d'un homme. Il était à la tribune, il y avait au pied de la tribune une femme en deuil, pâle comme la figure de Niobé; les larmes coulaient en silence le long de ses joues, mais elle était ferme, elle savait résister à l'émotion parce qu'elle était une mère, parce qu'elle avait ses deux enfants à côté d'elle, ses deux enfants, figures de Van Dyk, étonnés, presque souriants à la tempête qui emportait leur couronne. Lamartine avait les regards baissés sur cette femme et sur ses deux fils. Selon qu'il prononcerait telle parole, c'était la dynastie d'Orléans conservée peut-être, ou la dynastie d'Orléans perdue. Dans ce moment, en face de la plus grande question qui puisse être posée à un homme, il n'hésita pas, il dit : « Dans des crises semblables, c'est au peuple lui-même qu'il faut remettre la décision. »

Le vent soufflait trop fort, et cette couronne, qu'il arrachait à la tête d'un homme qui assurément se croyait habile, il ne pouvait la laisser sur la tête d'une femme et d'un enfant. La révolution devait continuer, avec des secousses encore plus terribles. Lamartine marcha à l'Hôtel de Ville, et il y proclama les libertés nationales. Il y alla avec un homme qui est là, à côté de moi. Je vous le dénonce... un de ces hommes qui, sans autre force que leur popularité, que leur bonne volonté, allaient ressusciter ce mot terrible qui, depuis cinquante ans, faisait frémir tous les hommes qui, en France, avaient encore la bonté d'avoir peur. On croyait que la banqueroute, l'échafaud, l'assassinat, tous les désordres et tous les crimes allaient sortir de cet antre de l'Hôtel de Ville, et alors que vit-on, au grand étonnement du monde entier? Ces hommes farouches, qui allaient faire dévorer une partie de la France par l'autre, ils commencèrent par abolir la peine de mort en matière politique ; ils brisèrent la hache qui avait frappé tant de têtes, ils en rejetèrent les morceaux si loin, qu'on a cherché une fois, depuis, à les rapprocher, et qu'on ne l'a pas pu.

Non-seulement ils abolirent la peine de mort en matière politique, mais ils crurent devoir encore à la souveraineté nationale une autre dette, et ils la payèrent ; ils se dirent : Plus de proscriptions de partis, plus d'ostracisme déguisés sous forme de serments : le serment est une injure à la conscience, dans des temps comme ceux-ci, où nous avons passé sous tant de formes de gouvernements, où les hommes qui se doivent à leur pays ont dû nécessairement subir toutes ces formes diverses qui prétendaient toutes fonder des dynasties, qui cédaient toutes la place à des dynasties nouvelles, de sorte que, depuis soixante ans, la France semble être une démocratie gouvernée par des présidents prétendus héréditaires, et toujours nommés au hasard des événements.

Ils se dirent : Plus d'ostracisme, plus de serment ! que tous les hommes de bonne foi, de bonne volonté, quelles que soient leurs idées antérieures, quels que soient leurs principes, entrent dans la grande liberté de la république; elle admet tout le monde, elle ne repousse personne, elle ouvre ses bras à tous, hélas ! beaucoup sont venus pour l'embrasser qui n'avaient qu'une pensée, l'étouffer dans leurs embrassements.

Ils firent plus encore. Le parti démocratique, préoccupé de prendre une revanche de Waterloo, se disait : Il faut faire la guerre à l'Europe, il faut faire la guerre sur le Rhin; il faut nous venger de la Sainte alliance. La meilleure vengeance, elle en a été tirée à l'Hôtel de Ville, et savez-vous comment ? En faisant un manifeste que vous avez pu tous lire, et dans lequel cette féroce république qui ne rêvait que de sang répandu, a dit à l'Europe : « Nous respectons toutes les nationalités, nous ne voulons faire la guerre à personne ; nous reconnaissons à tous les peuples le droit de se donner le gouvernement qu'ils veulent, nous n'avons pas le droit, nous, d'intervenir dans leurs affaires intérieures. »

Savez-vous ce qui est arrivé ? C'est que les peuples, n'ayant plus à craindre d'intervention de l'étranger, se sont retournés contre les gouvernements, les ont tous forcés à capituler et à donner la liberté. Et un jour que je revenais de l'Hôtel de Ville avec un de ces hommes et que je lui disais : « Que faites-vous ? » il me répondit : « Nous remuons le monde. » Et en effet, ils le remuaient sans verser une goutte de sang et sans envoyer uncanon à la frontière. Oh ! alors, la France était non-seulement l'admiration de tous les peuples de l'Europe, mais leur modèle. Tous imitaient son glorieux exemple, et c'est depuis ce jour qu'on peut dire que la liberté a été partout fondée en Europe. C'est de ce jour que l'Italie a été affranchie, que l'Allemagne a été affranchie ; que tous les peuples retardataires, l'Autriche elle-même, ont été affranchis. Ce sont des échos répercutés de Février que représentent aujourd'hui tous ces gouvernements constitutionnels et libéraux. C'est le jour où le peuple a pu entrer dans le palais du roi de Prusse, dans le palais de l'empereur d'Autriche, dans le palais de tous les monarques, à l'imitation du peuple de Paris, que la liberté a été reconnue indispensable pour faire l'alliance complète des peuples et des souverains.

Mais il y avait encore une autre question depuis longtemps à l'étude dans les conseils de la monarchie constitutionnelle, c'était la question de l'esclavage, et un homme de bien que je peux vous nommer, le duc de Broglie, en avait fait l'objet des préoccupations de toute sa vie, mais il la trouvait compliquée, impossible à résoudre. On avait nommé commissions sur commissions, et depuis quinze ans on cherchait comment on pourrait briser, anneau par anneau, la chaîne des esclaves. Avec un morceau de papier signé en cinq minutes par les membres du gouvernement provisoire, l'esclavage fut aboli.

Ah ! permettez-moi de vous le dire, c'est que le cœur est le premier des hommes d'État dans tous les pays. Qu'on ne me parle pas de ces habiles qui ont toujours des préoccupations prétendues pratiques, et qui n'arrivent jamais à aucun résultat. On craignait des catastrophes après l'abolition de l'esclavage. Tout se passa admirablement, pacifiquement; le cœur avait parlé; avoir du cœur, c'est souvent avoir plus que de l'habileté en politique.

Je sais bien qu'aujourd'hui les temps dont je parle sont tombés dans l'impopularité, et cependant voyez l'injustice. Une seule de ces mesures dont je viens de vous parler suffirait à l'illustration d'un homme d'État. En Angleterre, l'abolition de l'esclavage a fait la gloire d'un ministre. Pour l'avoir fait adopter, il a pu mourir emportant une gloire à son compte. L'émancipation des colonies du Sud a glorifié Channing; eh bien, nous autres, nous avons trouvé que les hommes qui, en trois mois, avaient fait tant de grandes choses, ne méritaient pas notre reconnaissance. On a fait beaucoup de choses depuis; la méritent-elles davantage?

Arrive un moment dont je ne veux pas parler. Je ne pourrais pas en parler librement, je ne pourrais donc pas en parler dignement. Ce jour-là, Lamartine entra dans la retraite, il disparut de la scène. Monté pauvre au pouvoir ou du moins endetté, il en tomba plus pauvre encore. J'aime mieux ceux qui abandonnent le pouvoir pauvres que ceux qui en descendent après s'y être gorgés de millions.

Ici, je l'avoue, j'éprouve un sentiment de tristesse. Bien souvent on m'a reproché mon admiration pour Lamartine. Oh! oui, je l'avoue, j'ai la faiblesse de l'admiration, non-seulement pour Lamartine, mais pour tous ces grands poëtes, Byron, Victor Hugo. On a dit qu'admirer, c'était égaler; c'est une illusion. Non! admirer n'est pas égaler, mais c'est bénéficier du génie des autres. C'est avoir la plus grande jouissance de la vie humaine, la jouissance que donne l'intimité avec les grands cœurs et les grands esprits. Oh! oui, j'ai admiré et j'avoue que de tous les bonheurs que j'ai pu trouver dans cette vie, après l'affection, le plus grand, c'est l'admiration. Mais, après la mort de tout ce qu'avait rêvé et voulu Lamartine, après les heures de tristesse où nous, ses disciples et ses amis, nous étions entrés, je rêvais pour lui la pauvreté; j'aurais voulu voir Lamartine seul, sur le boulevard, à pied, avec son génie; j'aurais voulu le voir, comme la contradiction vivante de ceux qui étaient allés chercher dans l'ombre la main de la fortune.

Il ne m'a pas été donné d'avoir cette joie, je ne me suis pas écarté pour cela de l'ami de vingt années; je suis allé au contraire plus souvent, auprès de lui, lui tendre la main, hélas! quand lui la tendait aussi, autrement peut-être qu'il n'aurait dû la tendre, car je comprenais tout ce qu'il y avait de tristesse en lui. Ah! un jour, nous pourrons raconter ce qu'a été Lamartine, son désintéressement, sa générosité. Je vous dirais, si j'avais plus de temps, si je ne vous avais pas retenus ici trop longtemps, des actes de lui qui vous le feraient encore plus admirer, car, à côté du grand poëte, du grand citoyen, vous verriez l'homme généreux et bon, bon comme aucune sœur de Charité ne l'a peut-être été. Mais enfin, il sentait son foyer s'écrouler, il se prodiguait pour dégager une situation terrible où il ne compromettait pas seulement sa personne, où il compromettait aussi des intérêts sacrés, les intérêts des siens, de ses créanciers. Ah! pendant dix-sept ans, il n'a pas dormi, il n'a pas cessé de travailler. Oui, dans ce château de Monceaux, la demeure patrimoniale du poëte, on voyait avant le lever du soleil une espèce d'étoile qui brillait à une fenêtre. Les ouvriers levés avant l'aurore se demandaient : Qui donc peut veiller encore à cette heure? C'était Lamartine qui travaillait.

Il a péri à la peine, et pour que la coupe d'amertume fût *pleine jusqu'au bout*, il a dû supporter quelquefois les reproches des hommes de son opinion.

L'avez-vous assez injurié, l'avez-vous assez insulté, vous ses ennemis, et encore plus les ennemis de la révolution de Février ! avez-vous assez sur son fumier de Job montré ses blessures et ses ulcères ! Eh bien, permettez-moi de vous le dire, vous commettiez là une ingratitude dont jamais aucun peuple n'a donné l'exemple. L'Angleterre a payé les dettes de Pitt insolvable.

Quand Jefferson est mort insolvable, l'Amérique a payé ses dettes. Mais nous, ah ! c'est la France qui est restée insolvable envers Lamartine : il nous a donné tout son génie, tout son cœur ; que lui avons-nous donné en échange ?

Ah ! je sais bien que l'esprit de parti, pour le soulagement de sa conscience, se disait : C'est un apostat, l'apostat de la légitimité, l'apostat de la monarchie. Entendons-nous une fois pour toutes sur l'apostasie, et sachons ce que c'est que le changement d'opinion. A-t-on le droit dans le monde de changer d'opinion, et dans quelles circonstances en a-t-on le droit, où et quand doit-on l'exercer ?

Messieurs et madames, je vous l'avoue, si le changement d'opinion n'existait pas dans le monde, le monde n'existerait pas, ou du moins ne ferait aucun progrès. Tout perfectionnement, tout avancement de la science est une apostasie, toute parole humaine, toute prédication est une provocation à l'apostasie, car probablement nous ne parlons pas pour convertir ceux qui sont convertis d'avance, nous parlons pour amener aux idées de progrès les retardataires que nous croyons encore dans l'erreur, par insuffisance d'instruction. Aussi donc, messieurs, instruction, éducation, lecture, tout cela est de la provocation à l'apostasie, tout cela mène à l'apostasie. L'apostasie est donc bonne en soi, mais à une condition : c'est que ce soit l'apostasie en avant, et jamais l'apostasie en arrière.

Mais à quel signe peut-on reconnaître l'une de l'autre, nous dira-t-on ? A un signe manifeste : le désintéressement.

Toutes les fois qu'un homme, sous une forme ou sous une autre, touche argent comptant le prix d'une conversion, je me défie de cette conversion. Fût-elle en avant, je n'y aurais pas foi.

Je comprends que l'on puisse, tout en recevant le

prix de son travail intellectuel, passer de l'erreur à la vérité, mais cependant je trouve toujours mauvais qu'on attache à un changement d'opinion un intérêt personnel. Mais ce qu'il faut flétrir, ce sont les changements d'opinion qui ne sont pas le résultat de l'étude, de l'examen calme de sa conscience, du progrès du temps. Ah! ce sont ces changements d'opinion qu'il faut condamner. Nous les avons vus, les hommes qui, les mains pleines de trahison, allaient cherchant encore à prix d'argent une nouvelle trahison à accomplir. Ces gens-là, il faut les flétrir à tout jamais, il faut les rejeter comme une souillure, parce qu'ils sont le démenti vivant des progrès de la moralité du siècle.

Voyez la conséquence : Lamartine a été un glorieux apostat du passé : je dirai plus, dans les conditions où il a changé d'opinion, il avait un mérite de plus que nous autres. Nous tous, qui avons été élevés et qui avons grandi dans les bras de la démocratie, nous les fils des opprimés d'autrefois, nous n'avons aucun mérite à croire ce que nous croyons : nous l'avons appris de la bouche de nos mères quand elles nous berçaient, nous l'avons entendu dans les conversations de la famille, parmi tous nos égaux, parmi tous nos concitoyens. Mais quand un homme venu des rangs du passé est obligé d'immoler en lui toutes les traditions du sang, de se reprendre et de se refondre en quelque sorte, et, sacrificateur et victime à la fois, d'immoler en lui à l'homme nouveau l'homme de l'ancien temps, je dis que celui-là accomplit un acte qui touche en quelque sorte au sacrifice, et c'est là le mérite de Lamartine, de Chateaubriand, de Victor Hugo, ces grands apostats qui ont été pris par la civilisation du siècle, qui, emportés dans le grand mouvement du progrès, lui ont donné à un moment l'autorité de leur parole et de leur génie. Ah ! envers ces hommes, nous ne saurons être trop reconnaissants, car leur conversion a été une immolation et une grande immolation.

Messieurs, Lamartine n'est plus, aucun de nous ne le rencontrera plus sur le chemin de la vie ; il a disparu emportant, je crois pouvoir le dire, une part de notre vie et de notre gloire. Quand un tel homme tombe dans la mort, il se fait un vide, et nous ne voyons pas ici qui pourra réparer ce vide. De tous les grands poëtes que je vous ai nommés, un seul est resté debout, Victor Hugo. Ah! qu'il nous soit conservé longtemps comme le témoignage d'une époque héroïque de la poésie qui va disparaître ! Le malheur des temps a voulu que le crépuscule descendît en quelque sorte sur nos esprits depuis quelques années. Toutes les grandes figures s'en vont, toutes les grandes réputations disparaissent : hier, Lamartine ; avant-hier, Berryer ; un jour auparavant, Rossini, et qui sais-je encore ! Où sont nos gloires ? Hélas ! notre époque semble frappée de stérilité, nous ne faisons que nous réchauffer aux derniers rayons du soleil couchant.

PARIS. — IMP. SIMON RAÇON ET COMP., RUE D'ERFURTH, 1.

OEUVRES

DE

A. DE LAMARTINE

ÉDITION GRAND IN-8 CAVALIER VÉLIN

ILLUSTRÉE DE 50 GRAVURES SUR ACIER PAR NOS PREMIERS ARTISTES

DIVISION DE L'OUVRAGE :

MÉDITATIONS — NOUVELLES MÉDITATIONS
CHANT DU SACRE — MORT DE SOCRATE — PÈLERINAGE
DE CHILDE-HAROLD

AVEC NOTES ET COMMENTAIRES

1 vol.. 7 fr.

HARMONIES POÉTIQUES — RECUEILLEMENTS

AVEC NOTES ET COMMENTAIRES

1 vol. . . . . 7 fr.

JOCELYN

AVEC NOTES ET COMMENTAIRES

1 vol.. . . . . 6 fr.

CHUTE D'UN ANGE

AVEC NOTES

1 vol.. . . . . 6 fr.

VOYAGE EN ORIENT

2 vol.. . . . . 12 fr.

LES CONFIDENCES ET LES NOUVELLES CONFIDENCES

1 vol. . . . . 7 fr.

Collection des 50 gravures pouvant servir à illustrer les anciennes
éditions.. . . . . 15 fr

ÉDITION IN-18 FORMAT ANGLAIS

PREMIÈRES MÉDITATIONS. 1 vol.. . . . . 3 fr. 50
NOUVELLES MÉDITATIONS. 1 vol.. . . . . 3 fr. 50
HARMONIES POÉTIQUES. 1 vol. . . . . 3 fr. 50
RECUEILLEMENTS POÉTIQUES. 1 vol.. . . . . . . 3 fr. 50
JOCELYN. 1 vol... . . . . 3 fr. 50
LA CHUTE D'UN ANGE. 1 vol. . . . . 3 fr. »
VOYAGE EN ORIENT. 2 vol. . . . . 7 fr. »

LES CONFIDENCES. 1 vol. . . . . 2 fr. »
NOUVELLES CONFIDENCES. 1 vol.. . . . . 1 fr. 50
RAPHAEL. 1 vol. . . . . 1 fr. »
GRAZIELLA. 1 vol.. . . . . 1 fr. »

HISTOIRE DES GIRONDINS. 6 vol. . . . . 12 fr. »
Chaque volume séparément. . . . . 2 fr. »

ANCIENNES ÉDITIONS

RECUEILLEMENTS POÉTIQUES. 1 vol. in-8. . . . 3 fr. 50
—   —   1 vol. in-18.. . . . 1 fr. 75
LA CHUTE D'UN ANGE. 2 vol. in-18. . . . . 3 fr. 50

GRAZIELLA

Magnifique édition in-4, ornée de nombreux dessins, par ALF. DE
Curzon. 1 beau vol. élégamment cartonné. . . . . 15 fr.

JOCELYN

Nouvelle édition, revue et corrigée, imprimée sur papier de luxe dans
le format in-8 jésus, illustrée de nombreuses vignettes gravées sur
bois. 1 vol. . . . . 10 fr.

HISTOIRE DES CONSTITUANTS

4 vol. in–8 grand cavalier vélin, le vol. . . . . 5 fr.
L'ouvrage complet. . . . . 20 fr.

HISTOIRE DE LA RESTAURATION

CHUTE DE L'EMPIRE, PREMIÈRE RESTAURATION, CENT-JOURS. DEUXIÈME RESTAURATION.

8 vol. in-8 grand cavalier vélin, ornés de 32 magnifiques portraits-vignettes sur acier ; l'ouvrage complet. . . . . 40 fr.
Collection des 32 portraits-vignettes.. . . . . 10 fr.
Le même ouvrage, 8 vol. in-18 jésus vélin. . . . . 16 fr.
Chaque volume se vend séparément.. . . . . 2 fr.

HISTOIRE DE LA TURQUIE

8 vol. in-8 grand cavalier. Le vol.. . . . . 5 fr.

LE TAILLEUR DE PIERRES DE SAINT-POINT

RÉCIT VILLAGEOIS.

1 vol. in-8 cavalier vélin. . . . . 4 fr

---

PARIS. — IMP. SIMON RAÇON ET COMP., RUE D'ENFER, 1.

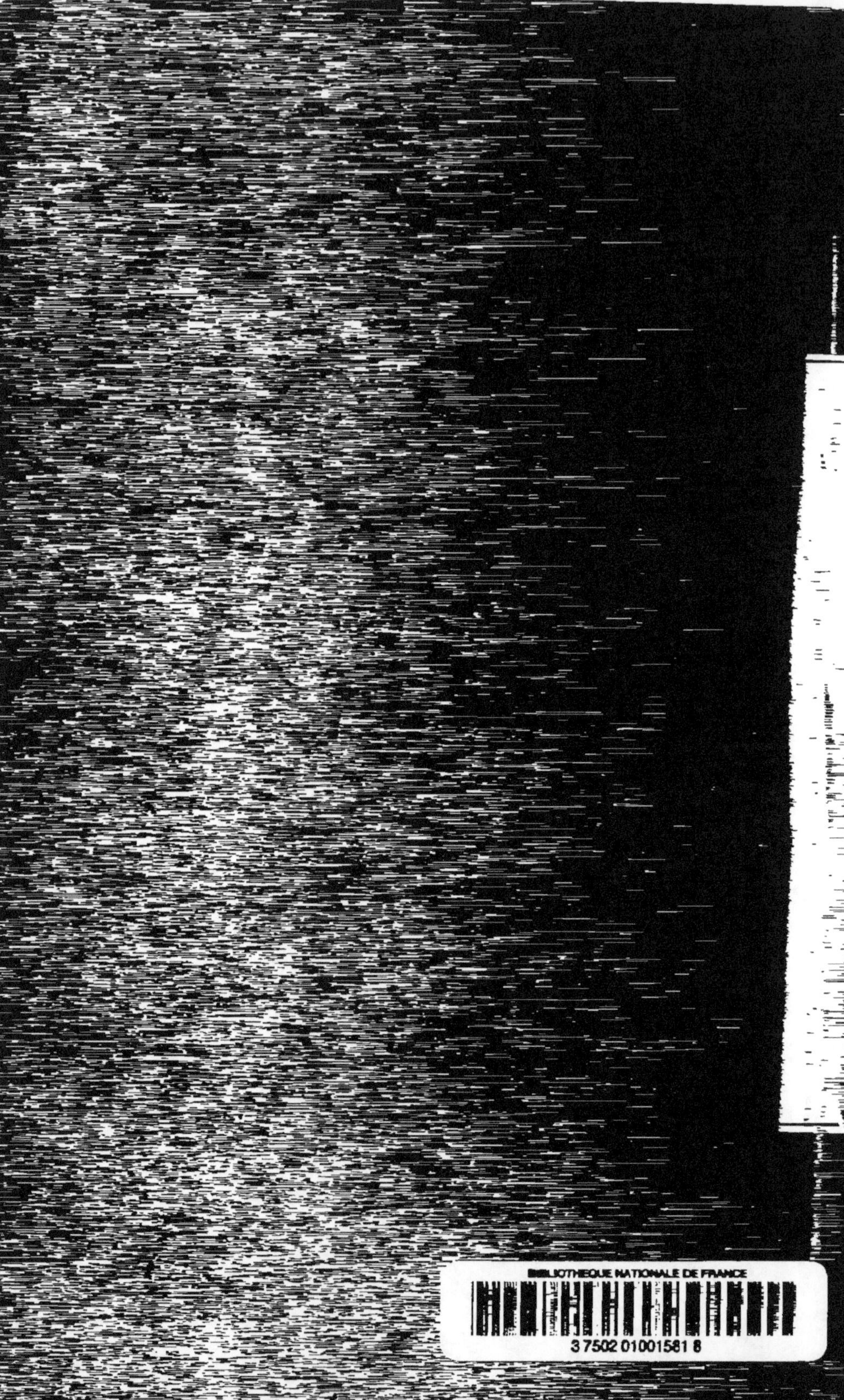